BEI GRIN MACHT SICH IHR WISSEN BEZAHLT

- Wir veröffentlichen Ihre Hausarbeit,
  Bachelor- und Masterarbeit

- Ihr eigenes eBook und Buch -
  weltweit in allen wichtigen Shops

- Verdienen Sie an jedem Verkauf

Jetzt bei www.GRIN.com hochladen und kostenlos publizieren

Bibliografische Information der Deutschen Nationalbibliothek:

Die Deutsche Bibliothek verzeichnet diese Publikation in der Deutschen National-bibliografie; detaillierte bibliografische Daten sind im Internet über http://dnb.d-nb.de/ abrufbar.

Dieses Werk sowie alle darin enthaltenen einzelnen Beiträge und Abbildungen sind urheberrechtlich geschützt. Jede Verwertung, die nicht ausdrücklich vom Urheberrechtsschutz zugelassen ist, bedarf der vorherigen Zustimmung des Verlages. Das gilt insbesondere für Vervielfältigungen, Bearbeitungen, Übersetzungen, Mikroverfilmungen, Auswertungen durch Datenbanken und für die Einspeicherung und Verarbeitung in elektronische Systeme. Alle Rechte, auch die des auszugsweisen Nachdrucks, der fotomechanischen Wiedergabe (einschließlich Mikrokopie) sowie der Auswertung durch Datenbanken oder ähnliche Einrichtungen, vorbehalten.

Impressum:

Copyright © 2018 GRIN Verlag
Druck und Bindung: Books on Demand GmbH, Norderstedt Germany
ISBN: 9783668875395

Dieses Buch bei GRIN:

https://www.grin.com/document/457805

Jakob Maas

Die Position der katholischen Kirche zur Sterbehilfe

GRIN Verlag

GRIN - Your knowledge has value

Der GRIN Verlag publiziert seit 1998 wissenschaftliche Arbeiten von Studenten, Hochschullehrern und anderen Akademikern als eBook und gedrucktes Buch. Die Verlagswebsite www.grin.com ist die ideale Plattform zur Veröffentlichung von Hausarbeiten, Abschlussarbeiten, wissenschaftlichen Aufsätzen, Dissertationen und Fachbüchern.

Besuchen Sie uns im Internet:

http://www.grin.com/

http://www.facebook.com/grincom

http://www.twitter.com/grin_com

Clara – Wieck – Gymnasium Zwickau

Komplexe Leistung
im Fach

Religion

Thema: Die Position der katholischen Kirche zur Sterbehilfe

Verfasser: Jakob Maas

Kurs: 11/Mu

Zwickau, den 29.03 2018

Inhaltsverzeichnis

Einleitung

Der belgische Orden „Broeders van Liefde" ändert seinen Standpunkt zur aktiven Sterbehilfe bei psychisch Kranken nicht. Im April hatte der belgische Zweig des Ordens mitgeteilt, er schließe die aktive Sterbehilfe nicht mehr aus. Die vatikanische Glaubenskongregation hatte darauf hin von den drei Brüdern im Vorstand der Krankenhäuser gefordert, sich bis Anfang September von aktiver Sterbehilfe für psychisch Kranke distanzieren.[1]

So steht es in der katholischen Zeitschrift: „Tag des Herrn". Hier wird sichtbar das auch aktive Sterbehilfe in der katholischen Kirche ein hart umkämpftes Thema ist und es einige Auseinandersetzungen zu diesem Thema gibt.

Jährlich müssen Menschen mit ihren todkranken Familienmitgliedern leiden, deren Leben nur noch an Maschinen hängt. Oft ist sind die Leidenden nicht mehr in der Lage ihr qualvolles Leben selbst zu beenden oder darüber zu entscheiden, und die Angehörigen oder Freunde können das Leid des anderen nicht beenden, da sie nicht befugt sind, die Geräte auszuschalten. Sollte die katholische Kirche kooperativer zu diesem Thema stehen und manche Arten der Sterbehilfe zumindest unter bestimmten Umständen erlauben?

In dieser Arbeit möchte ich zunächst die wichtigsten Begriffe zum Thema Sterbehilfe klären. Danach werde ich zwei Dokumente Vorstellen: Zum einen „Verlautbarungen des apostolischen Stuhls 20 zur Euthanasie" und zum anderen den von der deutschen Bischofskonferenz herausgebrachten Flyer „Sterben In Würde". Nach der Analyse beider Dokumente werde ich sie vergleichen. Am Schluss möchte ich mich selber zu diesem Thema äußern und mich mit dem Standpunkt der katholischen Kirche auseinandersetzen. Dazu werde ich meine Auffassung zu den verschiedenen Arten der Sterbehilfe mit der der Kirche vergleichen.

---

1 Tag des Herrn vom 17.09. 2017

3

Begriffsklärung

Als Aktive Sterbehilfe bezeichnet man die Lebensverkürzung durch akute Maßnahmen einer zweiten Person, die den Tod des Patienten hervorruft. In Deutschland ist die sogenannte Tötung auf Verlangen nach §216 des Strafgesetzbuches verboten und hat strafrechtliche Konsequenzen.[2] Bei der aktiven Sterbehilfe bringt eine Person selbst den Patienten um, z.b. durch Gift oder Tabletten. Also tötet eine andere Person den Patienten. Hier ist auch schwierig nachzuweisen, ob es überhaupt Sterbehilfe war, oder ein Mord.

Die aktive Sterbehilfe wird schnell mit der Beihilfe zum Suizid verwechselt. Bei der Beihilfe zum Suizid muss der Patient autonom handeln. Er möchte mit dem frühzeitigen Tod seinen physischen und, oder psychischen Schmerzen ein schnelles Ende machen. Der Suizid ist in Deutschland nicht strafbar. Die helfende Person darf zwar die todbringenden Tabletten auf den Nachttisch stellen, muss dann aber den Raum verlassen, weil die Person dann verpflichtet wäre, Maßnahmen zur Lebensrettung des Patienten durchzuführen.

Bei der indirekten Sterbehilfe werden dem Patienten Schmerzmittel zur Linderung der starken Schmerzen verabreicht. Diese Schmerzmittel helfen dem Patienten zwar oder lindern die Schmerzen - können aber die Lebenszeit des Patienten verkürzen. Ein solches Schmerzmittel ist zum Beispiel Morphium. Die indirekte Sterbehilfe ist in Deutschland nicht verboten.

Zudem gibt es noch die Passive Sterbehilfe. Passive Sterbehilfe ist das Nichteingreifen oder Nichtfortführen lebensverlängernder Maßnahmen aus medizinischen und ethischen Gründen, wie z.B. der Verzicht auf künstliche Ernährung, auch bei Personen die nicht mehr oder nur noch eingeschränkt ansprechbar sind und keine vorbereitenden Gespräche möglich waren oder keine Patientenverfügung vorliegt und die Chance auf Erfolg sehr gering ist. So könnte zum Beispiel bei einem schwerkranken Patienten die Chemotherapie abgebrochen werden, da die Chance auf Erfolg sehr klein ist. Diese Art der Sterbehilfe ist ethisch und rechtlich erlaubt, wenn der Patient dem zustimmt, oder die Zustimmung in seiner Patientenverfügung zu Lesen ist.

Eine Patientenverfügung ist ein Dokument in dem der Patient vorzeitig entscheiden und festlegen kann, wie mit ihm in solch einem Fall umgegangen werden soll, sollte er beispielsweise gar nicht oder nur noch eingeschränkt ansprechbar sein. So kann der Patient im Voraus entscheiden, wie über ihn verfügt werden soll.

---

2 Deutsches Strafgesetzbuch, Besonderer Teil (§§ 80 – 358), 16. Abschnitt – Straftaten gegen das Leben
   (§§ 211 – 222), §216 – Tötung auf Verlangen

Mit der menschlichen Würde, die nach deutschem Grundgesetz unantastbar ist[3], „ist jener Wert- und Achtungsanspruch gemeint, der dem Menschen kraft seines Menschseins zukommt, unabhängig von seinen Eigenschaften, seinem körperlichen oder geistigen Zustand, seinen Leistungen oder seinem sozialen Status."[4] Jedermann hat so ein recht auf ein ruhiges, stressfreies und in seinem Willen gestaltetes Sterben.

---

3 Grundgesetz für die Bundesrepublik Deutschland, Bonn, 1949, Artikel 1

4 Wikipedia,
   https://de.wikipedia.org/wiki/Menschenw%C3%BCrde#Der_Begriff_der_Menschenw%C3%BCrde

Verlautbarungen des apostolischen Stuhls 20 zur Euthanasie

Allgemeines

Bereits im Jahr 1980 hatte die Kongregation der Glaubenslehre eine Erklärung zur Euthanasie abgegeben. In diesem Dokument positioniert sich die römisch-katholische Kirche zur Sterbehilfe und argumentiert mit christliche Grundsätzen. Die sogenannte Verlautbarung des apostolischen Stuhls ist in vier Teile gegliedert: I - Wert des menschlichen Lebens, II - Euthanasie, III - Die Bedeutung des Schmerzes für den Christen und die Verwendung schmerzstillender Mittel, IV - Das richtige Maß in der Verwendung therapeutischer Mittel. Außerdem gibt es eine Einleitung und einen Schluss.

Erster Teil – Wert des menschlichen Lebens

Im ersten Kapitel steht, dass „Niemand das Leben eines unschuldigen Menschen angreifen [kann], ohne damit der Liebe Gottes zu ihm zu widersprechen und so ein fundamentales unverlierbares und unveräußerliches Recht zu verletzen, ohne also ein äußerst schweres Verbrechen zu begehen."[5]. Hier spricht sich die Kirche sehr deutlich gegen die Aktive Sterbehilfe aus, nämlich dass es ein Verbrechen sei ein Menschenleben anzugreifen. Des weiteren steht, dass „Jeder Mensch sein Leben nach dem Ratschluss Gottes führen [muss]. Es ist ihm als ein Gut anvertraut, das schon hier auf Erden Frucht bringen soll, dessen volle und endgültige Vollendung jedoch erst im ewigen Leben zu erwarten ist."[6]. Dies bedeutet, dass es in Gottes Gewalt steht, ein Menschenleben zu beenden und nicht bei den Menschen. Außerdem steht noch, dass „der Freitod oder Selbstmord daher ebenso wie der Mord nicht zu rechtfertigen [ist]; denn ein solches Tun des Menschen bedeutet die Zurückweisung der Oberherrschaft Gottes und seiner liebenden Vorsehung..."[7]. Auch hier wird noch einmal deutlich, dass der Suizid oder auch der Mord in christlicher Hinsicht nicht vertretbar sei, sondern gegen Gottes Planung verstoße. Insgesamt lehnt die Kirche im ersten Teil die aktive Sterbehilfe gänzlich ab und spricht sich auch gegen den Selbstmord aus, was darauf schließen lässt, dass die Kirche die Beihilfe zum Suizid auch nicht rechtfertigt.

---

5 Erklärung der Kongregation für die Glaubenslehre zur Euthanasie (Verlautbarungen des apostolischen Stuhls 20), Rom, 1980, S.7
6 ebd
7 ebd

Zweiter Teil - Euthanasie

Im zweiten Teil wird die Euthanasie zuerst definiert und danach vom Blickwinkel christlicher Moral betrachtet. Am Anfang des Dokuments wird der Bezug zur Antike hergestellt und somit die wörtliche Übersetzung des Begriffs Euthanasie erläutert: „Etymologisch bezeichnete Euthanasie in der Antike den sanften Tod, ohne übermäßige Schmerzen."[8] Danach wird der Begriff in der heutigen Zeit gedeutet: „Heute denkt man nicht mehr an diese ursprüngliche Bedeutung des Ausdrucks, sondern vielmehr an einen ärztlichen Eingriff, durch den die Schmerzen der Krankheit oder des Todeskampfes vermindert werden, wobei zuweilen die Gefahr besteht, das Leben vorzeitig zu beenden."[9].

Der Begriff wird nun enger eingegrenzt und als „Töten aus Barmherzigkeit, in der Absicht extreme Schmerzen endgültig zu beenden..."[10] bezeichnet. Es wird darauf hingewiesen, dass in diesem Dokument Euthanasie als eine „Handlung oder Unterlassung verstanden [wird], die ihrer Natur nach oder aus bewusster Absicht den Tod herbeiführt, um so jeden Schmerz zu beenden."[11]. Trotzdem ist das „Töten aus Barmherzigkeit" nicht zu rechtfertigen da es um die „Verletzung eines göttlichen Gesetzes"[12] und um eine „Beleidigung der Würde der menschlichen Person"[13] geht. Außerdem ist es auch niemanden erlaubt „diese todbringende Handlung für sich oder einen anderen zu erbitten"[14]. „Man darf auch die flehentlichen Bitten von Schwerkranken, die für sich zuweilen den Tod verlangen, nicht als wirklichen Willen zur Euthanasie verstehen; denn fast immer handelt es sich um angstvolles Rufen nach Hilfe und Liebe."[15]. So wird die Bitte eines Menschen, der nicht mehr Leben möchte nicht als Bitte, den Menschen zu töten angesehen, sondern als Ruf nach mehr Liebe, Zuneigung und Umsorgung des Betroffenen. „Über die Bemühungen der Ärzte hinaus hat der Kranke Liebe nötig, warme, menschliche und übernatürliche Zuneigung, die alle Nahestehenden, Eltern und Kinder, Ärzte und Pflegepersonen ihm schenken können und sollen."[16]. Auch am Schluss diese Kapitels wird betont, dass der Schwerkranke, statt dem Tod mehr Liebe und Zuneigung benötigt.

---

8 ebd, S.8
9 ebd
10 Erklärung der Kongregation für die Glaubenslehre zur Euthanasie (Verlautbarungen des apostolischen Stuhls 20), Rom, 1980, S.8
11 ebd
12 ebd
13 ebd
14 ebd
15 ebd, S.9
16 ebd

Dritter Teil – Die Bedeutung des Schmerzes für den Christen und die Verwendung schmerzstillender Mittel

Im dritten Teil geht es um „die Bedeutung des Schmerzes für den Christen und die Verwendung schmerzstillender Mittel"[17] . Hier wird vor allem das Leiden und der Schmerz des Betroffenen erläutert und erörtert, ob schmerzstillende Mittel, die das Leben eventuell verkürzen oder dem Patienten das Bewusstsein nur noch eingeschränkt lassen, erlaubt und moralisch vertretbar sind. Zuerst wird erklärt, dass man sich einfacher auf den Tod einlassen kann, wenn man eine lang andauernde Krankheit oder ein hohes Alter hat und mehr allein ist. So sind die psychologischen Voraussetzungen schon geschaffen, den Tod einfacher zu akzeptieren. „Dennoch ist zugegeben, dass der Tod ein Ereignis ist, das natürlicherweise das Herz des Menschen mit Angst erfüllt, zumal wenn ihm oft schwerere und lang dauernde Schmerzen voraufgehen oder ihn begleiten,"[18] . Trotzdem gehört der Schmerz schon vom biologischen Standpunkt aus dazu – denn er ist ein Warnzeichen, der dem signalisiert, dass mit dem Körper nicht mehr alles in Ordnung ist und er vielleicht sterben muss. Aus christlicher Sicht gehört der Schmerz zum Sterben dazu, da wir alle so ein Stück des Leidensweges Jesu mitgehen. Daher kann es sein, das einzelne Christen gar keine oder sehr wenige schmerzstillende Mittel verabreicht bekommen möchten, da sie sich bewusst mit Jesus Christus vereinigen können.[19] Trotzdem ist es nicht unbedingt wünschenswert, so eine heroische Haltung einzufordern, sondern schmerzstillende Medikamente anzuwenden um den gläubigen Menschen zur Ruhe zu bringen. Ein Problem an schmerzstillenden Mitteln ist nicht nur, dass es Schläfrigkeit oder die Verminderung des Bewusstseins hervorruft – auch muss das Schmerzmittel, bei mehrfacher Anwendung in immer höheren Dosen verabreicht werden, da sich der Körper schon an die „normale" Dosis gewöhnt hat. Papst Pius, der XII. Antwortete auf die Frage „Kann es nach der Lehre der Religion und der Normen dem Arzt und dem Kranken erlaubt sein, mit Hilfe narkotischer Medikamente Schmerz und Bewusstsein auszuschalten (auch beim Herannahen das Todes und wenn vorauszusehen ist, dass die Anwendung dieser Mittel das Leben abkürzt)?"[20] - „Wenn andere Mittel fehlen und dadurch den gegebenen Umständen die Erfüllung der übrigen religiösen und moralischen Pflichten in keiner Weise verhindert wird, ist es erlaubt."[21] .

---

17 ebd
18 ebd
19 Vgl. Erklärung der Kongregation für die Glaubenslehre zur Euthanasie (Verlautbarungen des apostolischen Stuhls 20), Rom, 1980, S.10
20 ebd
21 Enzyklika Ecclesia de Eucharistia, Rom 2003), S.439.

So ist es offensichtlich, dass der Tod nicht herbeigeführt werden soll, sondern, dass es dem Kranken die Schmerzen gelindert werden sollen.

Vierter Teil – Das richtige Maß der Verwendung therapeutischer Mittel

Im viertem und letzten Teil der Kongregation steht „das richtige Maß in der Verwendung therapeutischer Mittel"[22] im Vordergrund. Jeder Mensch hat das „Recht auf den Tod". Damit ist aber nicht gemeint, durch eigene oder fremde Hand zu sterben, sonder in menschlicher und christlicher Würde zu sterben. Besonders schwierig ist dies, wenn der Betroffene nicht mehr bei Bewusstsein ist, so müssen nahe Gestellte an seiner statt Entscheidungen treffen. „Muss man unter allen Umständen alle verfügbaren Mittel anwenden?"[23] . So ist es nicht wirklich sinnvoll dem schwer Kranken noch eine erneute Therapie zu verordnen, wo Aussicht auf Erfolg sowieso gering ist. Es viel wichtiger dem Kranken Ruhe und vor allem Nähe und Geborgenheit zu geben. Diese benötigt der Patient weit mehr, noch in eine lange, vielleicht schmerzvolle und Kraft zehrende Therapie zu verordnen, wo sowieso geringe Aussicht auf Erfolg ist.

Zusammenfassung

Die Kongregation der Glaubenslehre im Bereich Euthanasie zeigt dem Leser eine eindeutige Positionierung der Kirche zu diesem Thema und gibt Antworten auf wichtige Fragen in dem Bereich. Insgesamt positioniert sie sich gegen aktive Sterbehilfe und die Beihilfe zum Suizid, ist aber mit der Verwendung passiver und indirekter Sterbehilfe einverstanden, wenn dies moralisch vertretbar ist.

---

22 Erklärung der Kongregation für die Glaubenslehre zur Euthanasie (Verlautbarungen des apostolischen Stuhls 20), Rom, 1980, S.11
23 ebd

Flyer: Sterben in Würde – Worum geht es eigentlich?

Allgemeines

Im Herbst 2014 bekräftigte die katholische Kirche ihre Positionierung zur Sterbehilfe durch den von der Bischofskonferenz herausgebrachten Flyer: „Sterben in Würde – Worum geht es eigentlich?". Der Flyer erschien anlässlich der derzeitigen Debatte um menschenwürdiges Sterben, assistierten Suizid und Palliativversorgung. Das Dokument ist für jeden einfach zugänglich und einfach zu lesen. Man kann ihn sich im Internet als PDF herunterladen, oder ihn sich zuschicken lassen. So ist klar, das dieser Flyer für die breite Leserschaft gemacht ist – das sich jeder einfach informieren kann. Der Flyer ist logisch aufgebaut und enthält auch Bilder zur Veranschaulichung des Geschriebenen.

Die Begriffe aktive/direkte, indirekte und passiver Sterbehilfe, sowohl die Beihilfe zum Suizid und die Palliativmedizin werden für den Leser verständlich erklärt und auch ihre dazu aktuelle Gesetzeslage erläutert. So bietet der Flyer umfangreiche Informationen zur Sterbehilfe und Tod des Menschen, aber auch die eindeutige Positionierung der Kirche.

Die Verfügung des Menschen über sein Lebensende

Die Deutsche Bischofskonferenz hat immer betont, dass sich das auch im Christentum dem Menschen zukommende Recht auf Selbstbestimmung nicht auf das eigene Leben beziehen kann. Die Verfügung über die Existenz als solche ist dem Menschen entzogen.

„Aus Sorge um den Menschen setzen sich Christen dafür ein, dass das Leben eines jeden Menschen – gerade auch in der Nähe des Todes – bis zuletzt geschützt wird. Sie glauben daran, dass sich alles, was ist, Gott verdankt. Gott hat den Menschen als sein Abbild geschaffen und ihm eine unantastbare Würde verliehen. Diese Würde gründet nicht in seiner Leistung oder in dem Nutzen, den er für andere hat. Die Würde des Menschen folgt daraus, dass Gott ihn bejaht. Aus dem Wissen um Gottes Zuwendung und Liebe heraus darf und kann der Mensch auch im Leiden und im Sterben sein Leben bejahen und seinen Tod aus Gottes Hand annehmen."[24] . Auch hier wird wiederholt, dass „Anfang und Ende des Lebens der Verfügung des Menschen entzogen [sind]"[25] .

---

24 Flyer „Sterben in Würde – Worum geht es eigentlich?", deutsche Bischofskonferenz, Bonn, 2014
25 ebd

10

Es darf aber mittels beispielsweise unter Verwendung schmerztherapeutischer Mittel das Lebensende erträglich gemacht werden: Das bedeutet, dass der Tod nicht herbeigeführt, wohl aber zugelassen werden darf.[26] So bleibt die katholische Kirche negativ zur aktiven Sterbehilfe eingestellt, ist aber offen für die Verwendung schmerztherapeutischer Mittel, also der indirekten Sterbehilfe.

Organisierte Sterbehilfe

In einem Pressegespräch betonte der Vorsitzende der Glaubenskommission der Deutschen Bischofskonferenz, Kardinal Karl Lehmann (Mainz): „Wir haben uns schon lange und immer wieder für ein gesetzliches Verbot jeglicher Formen der organisierten Beihilfe zu Selbsttötung sowie für eine Ausweitung der Hospizangebote und der Palliativmedizin ausgesprochen. (…) Die Kirche sieht den Staat in der Pflicht, alle organisierten Formen der Hilfe zur Selbsttötung unter Strafe zu stellen, um zu verhindern, dass diese als normale gesellschaftliche Dienstleistung angeboten und wahrgenommen werden."[27] – Die Kirche positioniert sich aus folgenden Gründen so: Ein wirklich organisiertes, durchgeplantes Sterben, das als Dienstleistung angeboten wird ist moralisch auf keinen Fall vertretbar und würde das Sterben normalisieren und alltäglicher machen. Es wäre wie bei einem Reisebüro – man kann alles genau planen und muss sich um nichts mehr kümmern. Und genau das ist wichtig, dass man sich kümmert. Ein Patient, darf sich nicht überflüssig fühlen sondern viel mehr geborgen, „Eine gesetzliche Regelung, die derartige Angebote duldet, würde dazu führen, dass der innere und äußere Druck auf alle Alten, Schwerkranken und Pflegebedürftigen zunimmt, von derartigen Optionen Gebrauch zu machen."[28] Auch würden sich Alte, Kranke oder Pflegebedürftige eher als Last sehen und lieber „den Platz für andere räumen" würden. Und deswegen muss überall in Deutschland eine „umfassende palliativ medizinische Betreuung und helfende, liebende Annahme stattfinden"[29]. Wenn diese nämlich vorhanden ist, ist der Bedürftige geborgen und fühlt sich nicht als „Sand im Getriebe". Er bekommt die Liebe, Zuneigung und Akzeptanz zu spüren und kann so in Ruhe würdig Sterben.

---

26 Flyer „Sterben in Würde – Worum geht es eigentlich?", deutsche Bischofskonferenz, Bonn, 2014
27 ebd
28 ebd
29 ebd

Begleitung des Sterbenden

Sterbende bedürfen der besonderen Fürsorge und Zuwendung ihrer Mitmenschen. Wenn man alt, krank, hilfsbedürftig ist, möchte man nicht allein gelassen werden. So werden Sterbende in den meisten Fällen umsichtig und mitfühlend betreut, etwa in Familien und Hospizen. Wenn der Sterbende diese Zuwendung nicht erfährt, so wird er viel eher, den herbeigeführten Tod in Betracht ziehen, oder ihn als „bessere Variante" ansehen.[30]

„Auch die seelsorgliche Begleitung ist oft von großer Bedeutung. Denn gerade im Sterben werden die Fragen nach dem Woher und Wohin des Lebens bewusst. Sie dürfen nicht übergangen werden"[31]. Wenn das Leben zu Ende geht sucht man meist besonders Antworten auf die Fragen „Woher und Wohin man nun kommt. Es ist wichtig mit dem Sterbendem darüber zu sprechen. Nur durch Zuwendung, Liebe und Annahme wird es für den Sterbenden einfacher sein diesen Weg zu gehen.

Zusammenfassung

Grundlegend bleibt die Kirche der Meinung, dass jegliche Form der aktiven/direkten Sterbehilfe oder auch der Beihilfe zum Suizid ethisch nicht vertretbar ist, aber indirekte, und passive Sterbehilfe oftmals ein guter Weg ist, dem Sterbenden die Schmerzen zu lindern und somit sein Lebensende zu erleichtern. Wichtig ist, dass der Patient sehr viel Liebe, Zuneigung und Geborgenheit erfährt.

---

30 Vgl. Flyer „Sterben in Würde – Worum geht es eigentlich?", deutsche Bischofskonferenz, Bonn, 2014
31 ebd

Vergleich beider Dokumente

Grundlegend hat sich der Standpunkt der katholischen Kirche über die Jahre nicht wirklich verändert. Es gibt aber einen entscheidenden Unterschied: „Die Verlautbarungen des apostolischen Stuhls 20" ist für Leser geschrieben, die sich auf dem Gebiet schon auskennen und ein Vorwissen über das Thema aufweisen können. Es wird viel mit Fachsprache gearbeitet und es ist auch schwieriger zu lesen, da es oftmals lange, verschachtelte Sätze gibt.

Der Flyer „Sterben in Würde – Worum geht es eigentlich?" ist für die breite Leserschaft und somit auch für den Laie auf diesem Gebiet herausgebracht worden. Fachbegriffe werden in dem Dokument verständlich erklärt, so dass der Leser auch den Flyer gut versteht. Der Flyer lässt sich deutlich einfacher lesen, da er für jeden gut zu lesen sein soll.

Die Erklärung der Kongregation zur Glaubenslehre zur Euthanasie ist vor allem an die Christen gerichtet, die auf Jesus und die Hoffnung setzten.[32] Der von der deutschen Bischofskonferenz herausgebrachte Flyer zur Sterbehilfe ist viel eher berichtend. Auch der Flyer ist in christlicher Sicht geschrieben, aber hier kann auch ein Atheist dieses Dokument verstehen und den christlichen Standpunkt zum Thema Sterbehilfe betrachten. Auch durch die genaue Klärung wichtiger Begriffe am Ende des Flyers wirkt er etwas neutraler als die Erklärung der Kongregation zur Glaubenslehre zur Euthanasie.

Auch der moderne, anschauliche Stil des Flyers beweist, dass der Flyer in unsere heutige Zeit gehört und möglichst viele Leser ansprechen soll. Das andere Dokument ist viel theologischer geschrieben und erklärt manchen Sachverhalt genauer.

So ist der grundlegende Unterschied die Zielgruppe, an das sich das Dokument richtet -

Die Erklärung der Kongregation zur Glaubenslehre zur Euthanasie ist für eine kleinere, auf dem Gebiet schon bewanderte, Leserschaft gemacht, die an Christus glauben. Der Flyer ist für eine breite Leserschaft gemacht um zu informieren.

---

32 Erklärung der Kongregation für die Glaubenslehre zur Euthanasie (Verlautbarungen des apostolischen Stuhls 20), Rom, 1980, S.6

Eigene Meinung und Auseinandersetzung mit dem Standpunkt der katholischen Kirche

Meiner Meinung nach sollte es für jeden eine Möglichkeit geben unter bestimmten Bedingungen wie z.b. eine schwere Krankheit mit geringer Aussicht auf Erfolg oder wenn jemand nicht mehr bei Bewusstsein ist und das Leben nur noch von Maschinen abhängig ist, würdig zu sterben.

Standpunkt zur aktiven Sterbehilfe

In fast allen Fällen spreche ich mich gegen die aktive oder direkte Sterbehilfe aus. Ein Ausnahmefall wäre beispielsweise, wenn der Patient, nur noch an lebenserhaltenden Maschinen hängt und selber nichts mehr mitbekommt und die Angehörigen mit dieser Methode einverstanden sind. Die katholische Kirche würde auch in solch einem Fall nicht zur aktiven Sterbehilfe greifen, aber ich finde in solchen Ausnahmefällen ist dies auch moralisch verantwortbar und in manchen Fällen vielleicht auch erleichternd, da man den Patient erlöst und auch der Druck auf alle Angehörigen und Nahestehenden abschwillt. Für mich kann die aktive Sterbehilfe aber nur in Frage kommen, wenn der Patient schon seinem Lebensende sehr nah ist und sich beispielsweise im Endstadium von Krebs oder Aids befindet und sich nur noch einen schnellen Tod wünscht. Auch in so einem schwierigen Fall besteht die katholische Kirche auf einen Verbot von aktiver Sterbehilfe, da dass Mord wäre. Wenn es aber zu einer besseren Situation aller führt ist es für mich unter ernsten Umständen vertretbar.

Aber auf keinen Fall würde ich die organisierte Sterbehilfe befürworten. Meine Meinung entspricht bei diesem Thema der Meinung der Kirche. Hier wird aus einer schwierigen, vertraulichen Situation eine geordnete, und geschäftliche Angelegenheit – Menschen verdienen Geld indem sie anderen Menschen zum Tod verhelfen. Das grenzt doch an Mord. Außerdem steigt der Druck auf Alte, Kranke und Schwache enorm und ein Überflüssigkeitsgefühl entsteht.

Standpunkt zur Beihilfe zum Suizid

Wenn der Patient wirklich sterben möchte und sich Beihilfe zum Suizid wünscht, ist der Patient eigentlich noch bei Bewusstsein. So sollte in diesen Situationen besonders viel Zuneigung für den Patienten da sein. Es soll nicht einfach nachgegeben werden und beispielsweise die todbringenden Tabletten auf dem Nachttisch abgestellt werden. Hier ist durch liebende Gespräche noch einiges zu retten. Wenn es dem Patienten aber wirklich sehr schlecht geht und kein Ausweg mehr in Sicht ist, ist es, denke ich, zu tolerieren wenn man dem Leidenden zu einem sanften Tod verhilft, allerdings nicht selbst zur Tat greift. In diesem Punkt bin ich mit der

14

katholischen Kirche anderer Meinung. Sie meint, dass auch der Selbstmord eine Zurückweisung Gottes ist. Ich denke, dass dieser in eigenen Fällen gerechtfertigt ist und somit auch die Beihilfe zum Suizid. Bei einem Suizid ist man zwar mit der jetzigen persönlichen Situation sehr unzufrieden und überfordert. Wenn man sich Hilfe sucht und das nichts bringt, oder wenn man nur noch Schmerzen erträgt und sowieso bald sterben muss, ist der Selbstmord für mich gerechtfertigt und bedeutet meiner Meinung nach keine direkte Zurückweisung Gottes.

Standpunkt zu passiver und indirekter Sterbehilfe

Passive und indirekte Sterbehilfe ist meiner Meinung nach oft gerechtfertigt. Wenn ein Patient stark leidet, ist es sinnvoll, durch bestimmte Medikamente, wie Morphium, die Schmerzen zu lindern, auch wenn das eine eventuelle Lebensverkürzung hervorruft. „Und zu einem heutzutage menschenwürdigen Sterben gehört es, dass die körperlichen Leiden des Menschens auf ein erträgliches Maß reduziert und dass auch die menschliche Psyche durch Psychopharmaka[33] in der emotionalen Bewältigung der letzten Lebensphase unterstützt wird"[34]. Hier unterstütze ich Walter Jens und Hans Küng, da ich auch der Meinung bin, dass das sterben frei von physischen und psychischen Leiden sein sollte und man sein so Augenmerk viel mehr auf das Zusammensein mit Nahestehenden richten kann.

Auch dass Abschalten von Maschinen ist gerechtfertigt, wenn keine oder sehr geringe Aussicht auf Heilung besteht und der Patient, nichts mehr mitbekommend, daliegt. Auch ist es meist im Sinne des Patienten, wenn eine Therapie wie beispielsweise eine Chemotherapie bei krebskranken Menschen ausgeschlagen wird, weil die Chance auf das Gelingen der Therapie sehr gering ist. Es ist sehr wichtig, dass eine Patientenverfügung vorliegt, falls der Patient nicht mehr bei Bewusstsein ist – so kann er selber entscheiden wie weit in bestimmten Fällen gegangen werden darf. Die Kirche sieht das etwas strenger, da das Leben jedes Menschen bewahrt und geschützt werden soll. Das ist auch richtig, aber Linderung der Schmerzen ist in meinen Augen wichtiger, auch wenn das eine Lebensverkürzung zur Folge hat, als den Patienten bis zuletzt zu behandeln. Dennoch toleriert die katholische Kirche die indirekte und passive Sterbehilfe oft und sieht die beiden Arten als moralisch vertretbar und auch ethisch gerechtfertigt an.

Insgesamt sollte immer mit gesundem Menschenverstand gehandelt werden und alle Umstände mit in die Entscheidung einfließen. Außerdem muss darauf geachtet werden, dass sich der

---

33 Medikament zur Stabilisierung und zum Aufbau der menschlichen Psyche
34 Walter Jens/Hans Küng, „Menschenwürdig Sterben – Ein Plädoyer zur Selbstverantwortung", 1995, S.45

Patient zu seinem Lebensende besonders geborgen fühlt, da im viel Liebe und Zuneigung zukommt. So kann er ruhig, würdig sterben.

Literaturverzeichnis

Bernhard Häring (1967): „Das Gesetz Christi 3", 8. Auflage 1967, Erich Wewel Verlag Freiburg

Elisabeth Kübler-Ross (1971): „Interviews mit Sterbenden", 2. Auflage, Kreuz-Verlag

Paul Sporken (1982): „Was sterbende brauchen", 2. Auflage, Verlag Herder Freiberg in Breisgau

Walter Jens/Hans Küng (1995): „Menschenwürdig Sterben – Ein Plädoyer zur Selbstverantwortung", 2. Auflage, Piper Verlag

„Erklärung der Kongregation für die Glaubenslehre zur Euthanasie" (Verlautbarungen des apostolischen Stuhls 20), Rom, 1980, Sekretariat der Deutschen Bischofskonferenz

Flyer „Sterben in Würde – Worum geht es eigentlich?", Deutsche Bischofskonferenz, Bonn, 2014

Internetquellen

Deutsche Bischofskonferenz, 2014:

https://www.dbk-shop.de/de/deutsche-bischofskonferenz/sonstige-publikationen/flyer-sterben-wuerde-worum-geht-eigentlich.html

Deutsche Bischofskonferenz, 12.09. 2012:

https://www.dbk.de/nc/presse/aktuelles/meldung/erklaerung-des-staendigen-rates-der-deutschen-bischofskonferenz-zur-aktuellen-diskussion-ueber-die-beih/detail/

https://dejure.org/gesetze/StGB/216.html

DGHS, 2018

https://www.dghs.de/aufklapp-boxen/humanes-leben-magazin/zeitschrift-humanes-leben-humanes-sterben/die-verschiedenen-arten-der-sterbehilfe.html